DR. OETKER

KALTE PLATTEN
und Buffets

DR. OETKER

KALTE PLATTEN
und Buffets

Ceres-Verlag
Bielefeld

Vorwort

Garnierte Platten – ein Reigen kalter Köstlichkeiten. Da ist Ihrer Phantasie keine Grenze gesetzt.

Aus Fleisch und Wurst, Käse, Fisch, Gemüse lassen sich vielerlei Genüsse kreieren, die Sie auf kunstvolle Weise auf Platten anrichten und dekorieren. Die Krönung: die Zusammenstellung zu einem kalten Buffet. Da kommen auch Partygebäck, Desserts, köstliche Beigaben und anregende Getränke voll zur Geltung.

Dieses Buch gibt Ihnen genaue Anleitungen zur Zubereitung und Garnierung der Speisen.

Ob zu einem offiziellen Anlaß ein klassisches Buffet oder zu einem gemütlichen Beisammensein im Freundeskreis ein rustikales Buffet – in diesem Buch finden Sie hierzu Anregungen.

Der Ratgeberteil hilft Ihnen bei der Planung und Organisation einer solchen großen Einladung – sei es zum 50. Geburtstag, zur Konfirmation oder einfach, weil man gute Freunde verwöhnen will.

Ratgeber

Buffetvorschläge

Fleischplatten

Fischplatten

Käseplatten

Canapés und Schnittchen

Gemüse und Dips

Partygebäck

Salate

Desserts

Einladung – Einkauf Termin- und Arbeitsplan

Ein runder Geburtstag, ein bestandenes Examen oder einfach gute Freunde oder die Familie verwöhnen zu wollen – all das kann Anlaß für ein kaltes Buffet sein. Bewegt sich die Feier in einem größeren Rahmen, dann gesellen sich zu verschiedenen, liebevoll garnierten Platten weitere kalte Köstlichkeiten wie Salate und Desserts. Für die Einladung gilt es einige grundsätzliche Regeln zu beachten, damit das Buffet bei Ihren Gästen und bei Ihnen in freudiger Erinnerung bleibt.

Die Einladung

Auf alle Fälle rechtzeitig! Denn nicht nur Ihre Gäste müssen das Fest in ihren Terminplan aufnehmen, sondern Sie selber brauchen entsprechende Vorbereitungszeit. Konkret gesagt, sollte die Einladung zu einem offiziellen Anlaß schriftlich gut drei Wochen vorher erfolgen. Für eine halboffizielle Einladung genügt ein Telefonat etwa ein bis zwei Wochen vorher. Um besser planen zu können, bitten Sie Ihre Gäste um Antwort.

Zur Speisenauswahl

Sie richtet sich nach dem Anlaß des Festes. Ihr Buffet kann rustikal oder edel sein, sie können zu einem Frühstück, zu einem Sektempfang oder zu einer Party einladen. Von daher ergeben sich gewisse Einschränkungen. Die Auswahl und Anzahl der Gerichte auf Ihrem Buffet hängt nicht zuletzt von Ihrem Geschirr und Ihren Kochmöglichkeiten ab. Doch ist ein Buffet auch mit begrenzten Kochmöglichkeiten einfacher vorzubereiten als z.B. ein mehrgängiges Menü. Damit sich die Vorbereitungen kurz vor dem Fest nicht zu sehr häufen, kombinieren Sie am besten mehrere Gerichte, die sich gut vorbereiten lassen (oder sogar schon am Vortag zubereitet werden müssen) mit solchen, die erst kurz vor der Einladung vollendet werden.

Der Termin- und Arbeitsplan

Terminplan klingt zwar nach Berufsleben, aber eine festliche Einladung, gerade wenn es sich um eine relativ aufwendige wie zu einem kalten Buffet handelt, muß organisiert und richtig geplant sein. Stellen Sie sich also einen Zeitplan auf und tragen Sie alles, was mit den Vorbereitungen für Ihr Fest zusammenhängt, in Ihren Kalender ein:

Einladung, Gespräch mit den Händlern, Weineinkauf, Geschirr, Tischdekoration, Einkauf der Zutaten, Kochvorbereitungen usw. Dieser Terminplan bringt Ordnung in die ganze Angelegenheit, hilft Ihnen an alles zu denken und beruhigt ungemein.

Der Festtag naht

So weit, so gut. Die ersten Vorbereitungen haben Sie erledigt – die Einkäufe sind getätigt, Geschirr und Besteck organisiert und der Blumenschmuck bestellt. Jetzt geht es ans Kochen und Vorbereiten. Verlegen Sie so viel wie möglich auf den Tag vor dem Fest – eventuelle Pannen bringen Sie dann nicht gleich aus der Fassung. Die Gäste erwarten nämlich mit Recht ausgeruhte Gastgeber, die nicht mehr der Flair de la Cuisine umgibt.
Planen Sie also noch genügend Zeit für sich selber ein: Entspannen Sie sich und ziehen Sie sich in aller Ruhe um. Überprüfen Sie noch einmal den Aufbau des Buffets, ob die Getränke kühl sind, genügend Servietten bereitliegen, Vasen für Blumen vorhanden sind. Jetzt können Sie Ihrem Fest getrost entgegen sehen.

Tips rund um das Kalte Buffet

Ein Buffet kann deftig und rustikal oder klassisch und festlich sein. Wofür Sie sich entscheiden, ist meist vom Anlaß abhängig. In jedem Fall benötigen Sie jedoch für den Aufbau des Buffets einen langen Tisch. Sie können sich auch mit einem Tapeziertisch, einer Tischtennisplatte oder einfach mit einem breiten Brett auf Holzböcken behelfen. Die Tischdecke sollte dann lang genug sein, um den Unterbau zu verdecken.

Zum Aufbau

Der Aufbau des Buffets richtet sich nach der üblichen Speisenfolge: Zuerst kommen Fisch, dann Fleisch (oder Wurst oder Schinken), Gemüse und/oder Salate, Käse und als krönender Abschluß die Desserts. Ob Sie nun von links oder rechts beginnen, am Anfang stehen die Teller, erst am Ende sollten Besteck und Servietten bereitliegen. Sie ersparen Ihren Gästen dadurch unnötigen Ballast bei der Auswahl. Der optische Aufbau eines Buffets ist Geschmackssache. Es wirkt in jedem Fall interessanter, wenn Sie einige Stufen mit Hilfe von Schachteln, natürlich unter dem Tischtuch, einbauen oder einige Speisen in Schalen mit Fuß anrichten.

Hinweise:
Einige Dinge gehören unter gar keinen Umständen auf ein kaltes Buffet: So sollten Sie Kerzen aus dem Aktionsradius Ihrer Gäste verbannen; ebenso gehören Salz und Pfeffer nicht dazu, die stehen auf den Tischen, es sei denn, Ihre Gäste sind Hellseher oder gehören zu dem Typ, der ohne je probiert zu haben sein Essen versalzt.

Getränke

Wo die Getränke und die dazugehörigen Gläser untergebracht werden, richtet sich nach der Größe des Tisches. Es ist aber durchaus üblich, beides auf einen Nebentisch zu stellen. Gerade die Getränke sollten leicht erreichbar sein, um ein Verschütten von Wein, Sekt, Bowlen, Säften und Wasser zu vermeiden.

Blumenschmuck

Ob Blumen auf ein Buffet gehören oder
nicht, darüber streiten sich die Geister.
Eines ist jedoch gewiß, Blumen lockern das
Bild, sie sollten nur nicht dominieren oder
gar den Zugang zu den Speisen behindern.
Aber eine geschmackvollere Verschöne-
rung sind sie allemal.
Eine weitere Dekorationsmöglichkeit sind
bunt gefüllte Körbe wie der abgebildete
Brotkorb.

Auswahl der Gerichte

Und nun zu der Auswahl der Gerichte:
Beherzigen Sie das Motto „Weniger ist
manchmal mehr". Ihr Buffet sollte nicht an
einen Raubzug durch sämtliche Feinkost-
läden der Stadt erinnern. Sie überfordern
dadurch sich, Ihre Gäste und könnten für
prunksüchtig gehalten werden. Viel besser
ist eine geschmacklich reizvolle Kombination verschiedener Gerichte. Beachten
Sie auch, daß eine allzu reichliche Auswahl die Gäste dazu verführt – sie möchten
von allem etwas probieren – allzu viel zu
sich zu nehmen. Das Geheimnis eines
guten kalten Buffets liegt darin, daß sich
die Gäste nach vollem Genuß des viel-
fältigen Angebotes nicht belastet fühlen.

Geschirr und Gläser

Und noch ein Wort zum Geschirr und zu
den Gläsern: Sie benötigen die doppelte
bis dreifache Menge, da man sich gerne zu
später Stunde nochmals bedient oder das
Getränk wechselt. Wenn Sie also Spül-
berge vermeiden wollen, bietet sich Papp-
und Plastikgeschirr an – diese sollten aber
z.B. einem Partybuffet vorbehalten bleiben.
Bei einem klassischen Buffet muß es schon
Porzellan und Glas sein.

Das beste Werkzeug ist gerade gut genug

Das beste Werkzeug ist gerade gut genug

Sie sind prima sortiert, wenn Sie über Handrührgerät und Küchenmaschine mit allem Zubehör von Rührbesen bis Schnitzelwerk und Fleischzerkleinerer verfügen. Daß Sie einen Toaster haben, setzen wir voraus. Damit können Sie für kalte Platten und Canapés schon eine Menge ausrichten. Aber was wären sie wert, wenn nicht die nötigen, scharf gewetzten Messer zur Verfügung stünden? Denn nur damit kann so exakt wie möglich und nötig gearbeitet werden. Und mit ein paar anderen Profi-Küchenwerkzeugen auch. Das beste Werkzeug ist übrigens gerade gut genug. Schauen wir uns mal an, was in einer gut ausgerüsteten Küche vorhanden sein sollte:

1: Die Küchenschere ist ein Allzweckgerät. Es können damit Packungen auf – und

Kräuter kleingeschnitten werden. Klar, daß Fischflossen einer solchen Schere nicht standhalten; Radieschenblätter z.B. übrigens auch nicht.

2: Die Käsereibe brauchen Sie, wenn Ihnen eine grobe Reibe oder ein Elektrogerät zum Zerkleinern fehlt. Ideal ist sie für kleine Portionen.

3: Die Rohkostreibe dient zum raschen und sauberen Schneiden von Gemüse und Obst. Besonders häufig ist sie bei der Zubereitung von Rohkostsalaten zu verwenden.

4: Schälmesser dienen zum Schälen und Tournieren von Kartoffeln und anderem Gemüse.

5: Gemüsemesser sind zum Teilen und Stückeln von Gemüse vorgesehen. Sie können damit auch Muster in Teige schneiden.

6: Das Universalmesser schneidet hartes Gemüse und zerteilt Knorpel und Sehnen. Die kleine Säge erleichtert Ihnen die Arbeit ungemein.

7: Das Brotmesser werden Sie vor allem bei der Zubereitung von Canapés gebrauchen. Durch den Wellenschliff eignet es sich für hartes und weiches Brot.

8: Mit der Tranchiergabel wenden Sie das Fleisch und halten es beim Schneiden fest. Außerdem können Sie durch Einstechen mit der Gabel den Garzustand Ihres Bratens prüfen.

9: Der Wetzstahl für Messer mit glatter Klinge ist für Profis unentbehrlich. Obwohl es in vielen Haushalten auch schon mechanische oder elektrische Messerschleifer gibt. Damit können auch Messer mit Wellenschliff geschärft werden.

10: Mit dem Kugelausstecher können Sie Gemüseperlen, Kartoffeln- und Melonenkugeln herstellen – es gibt ihn deshalb in unterschiedlichen Größen.

11: Der Parisienne-Ausstecher gibt Kartoffeln und Obst eine elegante, ovale Form.

12: Mit dem Butterroller stellen Sie aus kalter Butter die bekannten Butterflocken her, die auf keinem Kalten Buffet fehlen dürfen.

13: Der Grapefruit- und Orangenschäler hilft Ihnen auf zweierlei Arten: Der Ziselierhaken dient zum Aufreißen der Schale. Mit der gebogenen und gezahnten Klinge wird das Fruchtfleisch aus der vorher geteilten Frucht in einem Stück herausgeschnitten.

14: Der Gemüseaushöhler dient zum Entkernen von Gurken und Zucchini.

15: Der Fadenschneider wird zum Abziehen ganz feiner Schalenstreifen von allen Zitrusfrüchten verwendet. Mit den Streifen können Sie natürlich aromatisieren und zauberhaft garnieren.

16: Das Ziseliermesser arbeitet hübsche Muster aus Obst und bei Desserts heraus.

17: Mit dem Dekoriermesser filetiert man alle Arten von Obst. Obstfiletscheiben verarbeitet man bei Desserts und als Dekoration bei Salaten.

18: Der Fruchtentkerner dient zum Aushöhlen von Obst, z.B. zum Entfernen des Kerngehäuses bei Äpfeln.

19: Das Käsemesser erfüllt gleich zwei Funktionen: Sie schneiden den Käse, ohne daß dieser an der Klinge kleben bleibt. Mit Hilfe der Spitze ist ein leichtes Aufnehmen der abgeschnittenen Portion möglich.

20: Der Käsehobel wird dagegen dann häufig eingesetzt, wenn der Käse in hauchdünne Scheiben geschnitten werden soll – dann kommt nämlich sein Aroma sehr gut zur Geltung.

21: Der Tellerbesen kommt Ihnen beim Verrühren kleiner Mengen entgegen – Sie heben damit Sahne, Kräuter und viele andere Dinge während des Anrichtens unter. Empfindliche Backwaren können Sie damit z.B. aus dem Ausbackfett heben.

22: Der Ballonbesen wird beim Aufschlagen von Speisen mit leichter Konsistenz verwendet. Durch seine Form kann sehr viel Luft unter die geschlagene Masse gelangen.

Hübsch garniert – hübsch serviert

Wer hat nicht schon einmal bei besonderen Anlässen bewundernd vor einem von fachmännischer Hand gestaltetem großen kalten Buffet oder auch vor kunstvoll garnierten Platten gestanden? Daß dies auch in kleinerem Rahmen möglich ist, wenn man eine Reihe wichtiger Handgriffe und leicht erlernbarer Kenntnisse beherrscht, wollen wir Ihnen auf den folgenden Seiten zeigen.

Garnieren ist eigentlich die Kunst des Weglassens, d.h. Speisen niemals mit Garnierung überladen. Deshalb: Wer sparsam garniert, beweist den besseren Geschmack und läßt seinen Gästen einen Blick auf all die Köstlichkeiten offen, die sie erwarten. Die Garnierung soll das appetitliche Aussehen der Speisen unterstreichen, soll sozusagen das Tüpfelchen auf dem i sein und den zusätzlichen Hauch von Verwöhnen auf Schüssel, Teller und Platten bringen. Und weil Garnieren so einfach ist, zeigen wir Ihnen auf den folgenden Seiten ein paar Anregungen. Radieschenblüten, Tomatenrosen, Zitronenrädchen sind schnell gemacht. Damit kann einem Gericht das Krönchen aufgesetzt werden, das es für Augen und Gaumen reizvoller macht und das in keinem Fall die Speisen überlädt.

Tomaten

Sie sind deshalb als Garnierung so beliebt, weil sie Speisen den roten Glanzpunkt aufsetzen. Mit Gelb (Zitrone) und Grün (Kräuter) kombiniert wirken sie noch frischer. Eine Tomate in gleichmäßigen Abständen mehrmals quer einschneiden, Gurkenscheiben in die Einschnitte stecken. Tomatenachtel zu Motiven zusammenlegen.

Eine Tomate ringsherum mit einem spitzen Küchenmesser zickzackförmig bis zur Mitte einschneiden, die beiden Hälften gegeneinanderdrehen, auseinandernehmen. In die Mitte der einen Tomatenhälfte Kräuterzweige stecken, die andere Hälfte aushöhlen, mit Perlzwiebeln füllen.

Die Haut einer Tomate mit einem spitzen Küchenmesser achtmal von oben nach unten einschneiden. Die Schalenachtel zur Hälfte vom Fruchtfleisch lösen, zur Blüte auseinanderbiegen. Tomaten- und Eischeiben im Wechsel schuppenartig anrichten.

Tomaten- und Zitronenachtel versetzt in einer Reihe anordnen. Eine Tomate auf eine Zitronen- und Gurkenscheibe setzen, Mayonnaise-Tüpfchen darauf spritzen.

Eine Tomate vorsichtig schälen, die Schale zu einer Rose drehen, auf eine Gurkenscheibe setzen.

Tomatenkörbchen: Von einer Tomate so viel ausschneiden, daß ein Henkel stehenbleibt, Petersilie hineinstecken.

Radieschen

Sie gehörten schon zu Großmutters Zeiten zum bevorzugten Garniergemüse. Ihre rote Schale und ihr weißer Kern machen sie so beliebt, weil sie so frisch aussehen.
In Scheiben geschnitten und schuppenförmig als Rand angelegt, bilden sie die einfachste Garnierung.

Die Schale eines Radieschens in gleichmäßigen Abständen achtmal von oben nach unten einschneiden, die Schale etwas abheben, in kaltes Wasser legen, damit das Radieschen „aufblüht".

Ein Radieschen in gleichmäßigen Abständen achtmal von oben nach unten bis zur Mitte einschneiden, etwas auseinanderdrücken. In die so entstandenen Öffnungen Radieschenscheiben stecken.

Radieschenschale in engen Abständen ringsherum längs einschneiden, dann rundherum in etwas größeren Abständen querschneiden. Kurz in kaltes Wasser legen.

Bei rustikalen Platten einfach geputzte Radieschen, noch mit gestutzten Stielen dran, rund um ein Salzfäßchen auf den Platten anrichten. Die Radieschen können zum Verzehr am Stiel angefaßt, in Salz getaucht und gegessen werden.

Ein Radieschen von der Spitze her mit geraden Schnitten bis kurz vor dem Stiel einschneiden. Aus dem anderen mit einem spitzen Küchenmesser in gleichen Abständen Keile herausschneiden.

Radieschenschale viermal halbrund über dem Stiel einschneiden, die Oberfläche mit einigen geraden Schnitten einkerben. Radieschen in kaltes Wasser lagen.

Verschiedene Radieschen-Motive lassen sich gut mit Radieschen-Blättern zu einer Blüte zusammenlegen.

Möhren

Mit Möhren läßt sich eine ganze Menge ausrichten. Egal, ob die Scheiben roh oder gekocht sind, nur etwas dicker müssen sie sein.

Ausgestochene Formen: Mit kleinen Ausstechformen aus rohen oder gekochten dicken Möhrenscheiben winzige Herzen, Blüten und Kleeblätter ausstechen.

Für die kalte Küche sehr reizvoll: Bei Sülzen zuerst einen Spiegel aus Aspik gießen, aus ausgestochenen, gekochten Möhrenscheiben ein Muster legen, noch etwas Aspik gießen, anziehen lassen, dann die Sülze fertigstellen. Ein paar Petersilienbüschel dazwischen sehen noch besser aus.

Für Möhrenspiralen rohe Möhren mit einem Rettichschäler zur Spirale schneiden, die Spirale auseinanderziehen, zur Blüte aufstellen, in die Mitte ein Dillsträußchen stecken.

Möhren mit einem Buntmesser in Scheiben oder Rauten schneiden, zu Motiven zusammenlegen.

Eier

Hart gekochte Eier lassen sich auf vielerlei Arten nicht nur mit anderen Lebensmitteln, z.B. Tomaten, für Garnierungen kombinieren, sondern sie sehen auch für sich genommen sehr hübsch aus.

Eischeiben schuppenartig anrichten, abwechselnd mit Olivenscheiben und Sardellenröllchen belegen.

Von einem gepellten Ei eine Kuppe abschneiden, das Ei auf eine Gurkenscheibe stellen, die obere Eihälfte mit Olivenscheiben belegen.

Ein gepelltes Ei bis zur Mitte einschneiden, Radieschenscheiben, Petersilienzweige in den Einschnitt stecken.

Weiße Maus: Eine Eihälfte auf die Schnittfläche legen, ein kleines Dreieck vorn aus der Kuppe schneiden, die Eioberfläche mit einem spitzen Küchenmesser zweimal schräg einschneiden, Tomatenstreifen in die Einschnitte stecken, als Augen etwas Kaviar auf das Ei geben, einen Petersilienzweig als Schwanz in das Ei stecken.

Pilz: Von einem gepellten Ei eine Kuppe abschneiden, so daß es steht, einen ausgehöhlten Tomatendeckel auf das Ei setzen, mit kleinen Mayonnaise-Tupfen bespritzen.

Eihälften mit Tomaten-Creme bespritzen, Tomaten-Streifen kreuzweise darüber legen.

Eihälften vom Eigelb befreien, mit Oliven füllen. Eihälften mit Lachsröllchen und Kräutern belegen.

Butter

Mit gut gekühlter Butter können Sie wirklich zaubern. Gut gekühlt können Sie sie nämlich wunderbar in Form bringen. Zum Formen gibt es viele Möglichkeiten:

Ein Stück Butter mit einem Buntmesser in Scheiben schneiden.
Eine Keramikschüssel bis zum Rand mit Butter füllen, die Oberfläche glattstreichen. Mit einem Butterhobel (vor jedem Schnitt in kaltes Wasser tauchen) vom Schüsselrand zur Mitte hin Flocken ziehen, so daß eine Blume entsteht, mit etwas Petersilie garnieren.

Für Butterkugeln aus einem Stück Butter Würfel schneiden, die Würfel einzeln zwischen zwei nassen, geriffelten Holzbrettchen rund rollen, nach Belieben in Paprikapulver, gehackten Kräutern oder geschrotetem Pfeffer wenden.

Ein Stück Butter mit gehackten Kräutern verrühren, zu einer Rolle formen, in Alu-folie einwickeln, so lange in den Kühlschrank legen, bis die Butter fest ist und in Scheiben geschnitten werden kann (vor jedem Schnitt das Messer in heißes Wasser tauchen).

Von einem Stück Butter mit einem Butterroller dicke Locken abziehen, dabei den Butterroller immer wieder in heißes Wasser tauchen.

Besonders schöne Buttergarnierungen werden mit Holzmodeln erzielt. Vor der Verwendung den Model etwa 1/2 Stunde lang in kaltes Wasser legen, damit das feuchte Holz ein Festkleben der Butter im Model verhindert. Nun den Model füllen, überstehende Butter abschneiden, die Oberfläche glattstreichen, den Modelstempel herausdrücken und das Butter-Motiv vorsichtig lösen, einige Zeit in Eiswasser legen, auf Salatblättern anrichten.

Zitronen

Setzt man Zitronen als Garnierung ein, so hat man nicht nur unglaublich vielfältige Möglichkeiten, sondern gleichzeitig kann man ihren Saft mit benutzen. Zitronen fallen wegen ihrer leuchtenden Farbe, besonders aber in Kombination mit andersfarbigen Lebensmitteln, z.B. Tomaten, angenehm ins Auge.

Zitronenachtel und Zitronenscheiben mit Tomatenscheiben lassen sich mit Kräutern zu verschiedenen Motiven legen.

Eine Zitronenscheibe bis zur Mitte einschneiden, zur Spirale aufstellen, einen Kräuterzweig hineinstecken.

Eine Zitronenscheibe bis zur Mitte einschneiden, die beiden Enden so übereinanderlegen, daß eine Tüte entsteht, mit einem Olivenspieß feststecken.

Zwei Zitronenscheiben bis zur Mitte einschneiden, von jeder Scheibe eine Scheibenspitze nach vorne, die andere nach hinten biegen, so daß eine Spirale entsteht, die beiden Spiralen ineinander stellen.

Eine Zitrone in gleichmäßigen Abständen achtmal von oben nach unten bis zur Mitte einschneiden, etwas auseinanderdrücken, in die entstehenden Öffnungen Gurkenscheiben stecken, in die Mitte eine Karotte setzen.

Eine Zitrone in gleichmäßigen Abständen mehrmals quer einschneiden, Tomaten- und Gurkenscheiben in die Öffnungen stecken.

Von einer halben Zitrone einen etwa 5 mm breiten Schalenstreifen abtrennen und diesen zu einem Knoten schlingen, mit einem Dillzweig garnieren.

Eine Zitrone zur Hälfte spiralförmig einschneiden, die Spirale vorsichtig auseinanderziehen.

Eine Zitrone in Scheiben schneiden, mit einem Buntmesser Zacken in die Schale der Zitronenscheiben schneiden, die Scheiben schuppenförmig übereinanderlegen, mit Olivenscheibchen belegen.

Mit einem Buntmesser Streifen in eine halbe Zitrone schneiden.

Eine Zitrone zur Häflte dünn schälen, die geschälte Zitronenhälfte abschneiden, die Schalenspirale auseinanderziehen.

Klassisches Buffet

Klassisches Buffet
(Für 20 Personen)

Räucherfisch-Platte   Rezept Seite   54

Marinierte Gemüse-Platte mit Avocado-Creme   Rezept Seite   86

Getrüffelte Fasanenterrine *   Rezept Seite   50

Kräuter-Roastbeef *   Rezept Seite   46

Filet Gisela *   Rezept Seite   47

Käse-Platte   Rezept Seite   62

Buntes Brötchenrondell *   Rezept Seite   94

Curry-Butter *   Rezept Seite   84
(vierfache Menge)

Mousse au Chocolat   Rezept Seite 110
(doppelte Menge)

Auswahl an Kastenweißbrot
und Weizenvollkornbrot

* Die mit Stern gekennzeichneten Rezepte können bereits am Vortag vor- bzw. zubereitet werden, so daß diese Gerichte am Tag des Verzehrs nur nochmals abzuschmecken und anzurichten sind.

Tips zum Aufbau und Dekorieren des Buffets

Zu einem klassischen Buffet einzuladen – das ist immer etwas Besonderes für den Gastgeber. Für die Gäste hat es einen eigenen Reiz, mit vielen Köstlichkeiten in einer festlichen Atmosphäre verwöhnt zu werden und dabei nicht an eine feste Tischordnung gebunden zu sein.

Das klassische Buffet präsentiert sich auf elegante Weise. Die Gerichte werden auf Silberplatten, in Glasschüsseln oder auf und in edlem Porzellan serviert. Ein weißes Damasttischtuch, weiße Servietten und entsprechender Blumenschmuck runden das Bild ab.

Wie für alle Buffets empfiehlt sich auch hier, wenn der nötige Platz vorhanden ist, ein Aufbau des Buffets auf Stufen. So kommen die einzelnen Gerichte besser zur Gel-

tung, und jede Platte lädt appetitlich zum Zugreifen ein.

Stellen Sie für Ihre Gäste genügend Teller, Besteck, Gläser und Servietten am vorderen bzw. hinteren Ende des Buffets bereit. Geschirr und Besteck können aber auch auf einem Beistelltisch plaziert werden.

Zu einem klassischen Buffet passen auch folgende Gerichte:

Waldorf-Salat	Rezept Seite 104
Geflügel-Salat	Rezept Seite 105
Gebeizter Lachs mit süßsaurer Senf-Creme	Rezept Seite 55
Rinderfiletscheiben, fruchtig und pikant	Rezept Seite 42
Erdbeer-Konfekt	Rezept Seite 110

Rustikales Buffet

Rustikales Buffet

(Für 8 Personen)

Schinken- und Wurstplatte	Rezept S. 44
Pikante Fleischbällchen * (doppelte Menge)	Rezept S. 44
Käse-Platte	Rezept S. 62
Obatzter * (doppelte Menge)	Rezept S. 63
Kartoffelsalat, pommersche Art	Rezept S. 100
Brot- und Brötchenauswahl	
Schnittlauch-Butter * (doppelte Menge)	Rezept S. 84
Apfelküchlein (doppelte Menge)	Rezept S. 109
Vanille-Soße *	Rezept S. 108

Wein- und Bierauswahl

* Die mit Stern gekennzeichneten Rezepte können bereits am Vortag vor- bzw. zubereitet werden, so daß diese Gerichte am Tag des Verzehrs nur nochmals abzuschmecken und anzurichten sind.

Tips zum Aufbau und Dekorieren des Buffets

Wenn Sie in gemütlicher Freundesrunde einen runden Geburtstag, die Geburt des ersten Enkelkindes oder ihre Verlobung feiern wollen, dann bietet sich ein leicht vorzubereitendes, rustikales Buffet an.

Hierfür zaubern Sie nicht nur deftige Gerichte, sondern die Dekoration paßt sich dem Stil entsprechend an. Als Geschirr empfehlen sich Holzteller und -schüsseln, getöpferte Schüsseln und Steingutgeschirr. Das Brot kann in einem Weidenkorb dekoriert werden. Hölzerne Kerzenständer und ein bäuerlicher Blumenstrauß runden das Bild ab.

Ein besonders prächtiges Buffet läßt sich erzielen, indem Sie die Gerichte auf verschiedenen Stufen anordnen. Bauen Sie zu diesem Zweck auf ihrer Tischplatte mit Hilfe von stabilen Kartons einzelne Etagen. Ein rustikales Leinentischtuch verdeckt diesen Aufbau und ist der Untergrund für eine gelungene Zusammenstellung der einzelnen Speisen.

Vergessen Sie nicht Geschirr und Besteck für Ihre Gäste, das sie entweder gut zugänglich neben den Speisen aufbauen oder auf einem Beistelltisch anordnen. Für Bier und Wein sollten die entsprechenden Trinkgefäße bereitstehen – je rustikaler desto besser!

Variieren Sie beim rustikalen Buffet durch folgende Rezepte:

Bunter Nudel-Salat	Rezept Seite 101
Roter Bohnen-Salat	Rezept Seite 104
Bunter Quark-Dip	Rezept Seite 88
Kalter Fischhackbraten	Rezept Seite 59
Räucherfisch-Platte	Rezept Seite 54
Käsepastete	Rezept Seite 64
Speckbrötchen	Rezept Seite 92
Hirsestangen	Rezept Seite 93
Rote Grütze	Rezept Seite 109

Sekt-
empfang

Sektempfang
(Für etwa 25 Personen)

Käse-Ringe, -Windbeutel und -Eclairs	Rezept Seite 96
Buntes Käsegebäck *	Rezept Seite 96
Kleine Käsestangen *	Rezept Seite 93
Käse-Häppchen	Rezept Seite 66
Canapés mit Käse	Rezept Seite 72
Canapés mit Lachs	Rezept Seite 77
Canapés mit Hähnchenbrust	Rezept Seite 75
Canapés mit Bündner Fleisch	Rezept Seite 70

Apperitifs
Sekt oder Champagner
Orangensaft

* Die mit Stern gekennzeichneten Rezepte können bereits am Vortag vor- bzw. zubereitet werden, so daß diese am Tag des Verzehrs nur noch anzurichten sind.

Tips zum Anrichten bei einem Sektempfang

So ein Sektempfang ist eigentlich eine ganz unkomplizierte Sache: Jeder Gast nimmt sich direkt von den Tabletts oder Platten seine Käsehäppchen, drei bis vier Canapés und knabbert beim Sekt knuspriges Käsegebäck. Sie sollten also Servietten und Dessertteller in ausreichender Menge bereit-stellen. Auf Besteck können Sie dagegen verzichten.

Je nach dem Zweck Ihres Sektempfanges – sei es ein bestandenes Examen oder das Feiern einer Beförderung im Büro – richtet sich der Stil der Platten und Tabletts. Für offiziellere Anlässe empfehlen sich Silber- und Edelstahlgeschirre. Für einen legereren Anlaß dürfen es ruhig auch bunte Tabletts und Platten in frischen Designs sein.

Sekt oder Champagner gehören natürlich unbedingt dazu und machen sich in silbernen, eisgefüllten Kübeln gut, wo sie ausreichend gekühlt sind. Pro Person rechnen Sie mit 2-3 Gläsern, also $\frac{1}{3}$ einer Flasche. Vergessen Sie nicht, Orangensaft zum Mischen und Purtrinken in einem Glaskrug bereitzustellen.

Obst ist ein willkommenes, frisches Zwischendurch. Vor allem Weintrauben sind gut geeignet. Was halten Sie davon, auch einmal eine Bowle als kleine Besonderheit anzubieten?

Bei den Canapés sind ihrer Phantasie natürlich keine Grenzen gesetzt.
Pro Person rechnet man mit 4-5 Canapés. Diese Zahl reduziert sich, wenn Sie auch andere Kleinigkeiten, wie z.B. Käse-Windbeutel anbieten wollen. In unserem Beispiel werden von jeder Sorte Canapés je 10 Stück angeboten, ca. 60 Käsehäppchen und ca. 25 Käse-Windbeutel, -Ringe und -Eclairs. Bei 25 Personen kann jeder Gast sich mit einer Auswahl von fünf Teilen bedienen. Das Käsegebäck steht für die immer noch Hungrigen zur Verfügung. Reste davon lassen sich im übrigen auch wunderbar in gut schließenden Dosen aufbewahren.

Aus diesem Buch können Sie z.B. noch folgende Rezepte für einen Sektempfang verwenden:

Canapés mit Camembert	Rezept Seite	72
Canapés mit Wachteleiern	Rezept Seite	71
Canapés mit Wildpastete	Rezept Seite	70
Canapés mit zweierlei Käse	Rezept Seite	71
Garnierte Kräcker	Rezept Seite	74

Frühstücks-buffet

Frühstücksbuffet

(Für 8 Personen)

Schinken- oder Wurstplatte	Rezept Seite 44
Käse-Platte	Rezept Seite 62
Pikante Fleischbällchen * (doppelte Menge)	Rezept Seite 44
Speckbrötchen * (halbe Menge)	Rezept Seite 92
Buntes Brötchenrondell * (halbe Menge)	Rezept Seite 94
Quark-Dip mit Schinken *	Rezept Seite 88
Quark-Dip mit Preiselbeeren *	Rezept Seite 88
Paprika-Butter *	Rezept Seite 84
Schnittlauch-Butter *	Rezept Seite 84

* Die mit Stern gekennzeichneten Rezepte können bereits am Vortag vor- bzw. zubereitet werden, so daß diese Gerichte am Tag des Verzehrs nur nochmals abzuschmecken und anzurichten sind.

Tips zum Aufbau und Dekorieren des Buffets:

Mit einem üppigen Buffet zum Frühstück überzeugen sie bei ihrer nächsten Einladung bestimmt. Dadurch, daß Sie fast alles schon am Tag davor vorbereiten können, sind Sie am Morgen der Einladung entspannt und finden die nötige Ruhe für eine gelungene Anordnung des Buffets. Und kann man den Tag schöner als im Kreis der Familie oder guter Freunde beginnen?

Zu einem Frühstücksbuffet gehört natürlich manche Zutat, für die Sie in diesem Buch kein Rezept finden werden: Müslis, Cornflakes, Konfitüren, Honig, Joghurt und süßer Quark – das alles findet bei einem Frühstück seine Liebhaber. Zu Trinken gibt es Säfte, Milch, Tee und Kaffee. Vergessen Sie auch nicht warme, deftige Kleinigkeiten, wie die beiden Rührei-Pfannen auf unserem Foto, heiße Würstchen oder Bratkartoffeln.

Die Anordnung und Dekoration eines Frühstücksbuffets soll hell und freundlich wirken, um auch den letzten Morgenmuffel so richtig munter zu machen! Helles Geschirr, bunte Servietten und ein prachtvoller Blumenstrauß bringen die von Ihnen zubereiteten Köstlichkeiten zur Geltung. Und bei der nötigen Auswahl zwischen süß und deftig bekommt jeder Gast Appetit.

Auf ein Frühstücksbuffet passen auch folgende Gerichte:

Hirsestangen *	Rezept Seite 93
Käse-Trüffel *	Rezept Seite 67
Schnittlauch-Bällchen *	Rezept Seite 67
Schmalz-Schnitten	Rezept Seite 77
Bunter Quark-Dip *	Rezept Seite 88
Senf-Butter	Rezept Seite 84

Fleisch-
platten

Rinderfiletscheiben, fruchtig und pikant

(Etwa 20 Portionen – Foto Seite 40/41)

2 x 1 kg Rinderfilet (jeweils aus der Mitte geschnitten)	unter fließendem kaltem Wasser abspülen, trockentupfen, evtl. Haut entfernen
4–5 EL Speiseöl	in einer großen Bratpfanne erhitzen, die Filets von allen Seiten etwa 5 Minuten darin anbraten, mit
Salz	
Pfeffer	würzen, in eine feuerfeste Form legen, das Bratfett darüber gießen, die Form auf dem Rost in den vorgeheizten Backofen schieben die Filets während des Bratens ab und zu wenden, mit dem Bratensatz begießen
Strom:	225–250 °C
Gas:	Stufe 6-7
Bratzeit:	Etwa 30 Minuten die garen Rinderfilets aus dem Backofen nehmen, erkalten lassen, jedes Filet in 14–16 Scheiben schneiden, die Filetscheiben wie folgt garnieren

1. Vorschlag:

12 gedünstete Aprikosenhälften	in Scheiben schneiden und 3–4 Scheiben fächerartig auf 12 Rinderfiletscheiben anrichten, mit
Aspikwürfelchen	belegen.

2. Vorschlag:

200 g gedünstete Erbsen	pürieren, durch ein Sieb streichen
1 TL Gelatine gemahlen, weiß	mit
1 EL kaltem Wasser	in einem kleinen Topf anrühren, 10 Minuten zum Quellen stehenlassen, unter Rühren erwärmen, bis sie gelöst ist, unter das Erbsenpüree rühren
1 Becher (150 g) Crème fraîche	anschlagen, unterheben, die Erbsencreme mit
Salz	
Pfeffer	

geriebener Muskatnuß	
Pilz-Sojasoße	würzen, die Creme in einen Spritzbeutel mit gezackter Tülle füllen, und spiralförmig auf 6 Filetscheiben spritzen
2 Sherry-Tomaten	waschen, die Stengelansätze herausschneiden, die Tomaten vierteln je ein Viertel auf das Erbsenpüree setzen, evtl. mit
Petersilienblättchen	garnieren.

3. Vorschlag:

Friséesalat	waschen und 8-10 innere, zarte Blätter vorsichtig abtupfen, 8 Rinderfiletscheiben damit belegen,
4–5 gedünstete Birnen	in Spalten schneiden und je 2–3 Birnenspalten auf dem Salat anordnen, mit
8 Cocktailkirschen	dekorieren.

4. Vorschlag:

etwa 80 g Gänseleberpastete	kühl stellen, in 12 Scheiben schneiden, 6 Filetscheiben damit belegen
2 Eier	hartkochen aus dem Eiweiß kleine Würfelchen schneiden und die Filetscheiben damit dekorieren.

für das Aspik

1 Päckchen Gelatine gemahlen, weiß	mit
4 EL kaltem Wasser	in einem kleinen Topf anrühren, 10 Minuten zum Quellen stehenlassen, unter Rühren erwärmen, bis sie gelöst ist
400 ml klare Ochsenschwanzsuppe (aus der Dose)	zum Kochen bringen, von der Kochstelle nehmen, durch ein Sieb gießen
1–2 EL Madeira	unterrühren, die Gelatine hineingeben, so lange rühren, bis sie gelöst ist, kalt stellen sobald die Flüssigkeit dicklich zu werden beginnt, eine Edelstahlplatte damit ausgießen, im Kühlschrank vollständig fest werden lassen die restliche Aspik-Flüssigkeit auf einen Teller gießen, im Kühlschrank erstarren lassen das Aspik in kleine Würfel schneiden, einige mit den Filetscheiben auf der Platte anrichten.

Schinken- oder Wurstplatte

(10 Portionen – Foto Seite 45)

Etwa 1 kg westfälischen Knochenschinken oder verschiedene Schinkensorten oder 250 g roten und 250 g weißen Pressack 250 g Leberwurst 250 g Dosenfleisch	in Scheiben schneiden, auf einem Holzbrett anrichten
etwa ½ kleine Salatgurke	waschen, abtrocknen, mit einem Buntmesser in Scheiben schneiden
1 Rettich	schälen, waschen, abtrocknen, mit einem Rettichschneider zur Spirale schneiden
Radieschen	putzen, waschen, abtrocknen, in gleichmäßigen Abständen viermal von oben nach unten bis zur Mitte einschneiden, jedes Viertel außen einmal halbrund einkerben, kurze Zeit in kaltes Wasser legen
Gewürzgurken	mehrmals von oben nach unten einschneiden, fächerformig auseinanderziehen
Tomaten	waschen, abtrocknen, die Stengelansätze herausschneiden, die Tomaten in Achtel schneiden
Petersilie	abspülen, trockentupfen, Stiele abschneiden die Schinken-Platte mit den 6 Zutaten garnieren.

Pikante Fleischbällchen

(6 Portionen)

500 g Rinderhack oder 500 g gemischtes Hackfleisch	mit
3 EL Semmelbrösel 1 Ei 1 EL Öl	vermischen, mit

1 ½ TL Salz	
½ TL Pfeffer	
2 TL Worcestershire- soße	würzen, abschmecken
	Füllung A:
2 EL geriebenen Holland- Gouda, mittelalt	mit
2 EL Semmelbrösel	mischen
2 EL Petersilie	feinhacken, dazugeben, mit
2 EL Milch	mischen, Masse zu kastaniengroßen Bällchen formen, mit Hackfleischmasse umhüllen
	Füllung B:
125 Roquefortkäse	in 1 ½ cm große Würfel schneiden, jeden Würfel mit Hackfleischmasse umhüllen
	Füllung C:
150 g Pikantje van Gouda	in kleine Würfel schneiden, unter den Fleischteig mischen, vor dem Braten um jedes Fleischbällchen eine dünne Scheibe
Frühstückspeck	wickeln, mit einem Holzstäbchen feststecken.
	die Fleischbällchen in reichlich
Ausbackfett	goldbraun backen, dabei ständig drehen, damit sie rund bleiben.

Kräuter-Roastbeef

(10 Portionen)

2 kg Roastbeef	unter fließendem kaltem Wasser abspülen, trockentupfen, die Haut (Fett) leicht einritzen, das Fleisch mit
Salz, Pfeffer	einreiben
2 Knoblauchzehen	abziehen, zerdrücken, mit
2 EL Senf	vermengen
	das Fleisch damit bestreichen, reichlich mit
Kräutern der Provence	bestreuen, auf den Rost auf eine mit Wasser ausgespülte Rostbratpfanne legen, in den vorgeheizten Backofen schieben
	das Roastbeef ab und zu wenden

Strom:	225–250 °C
Gas:	Stufe 6–7
Bratzeit:	35–40 Minuten
	das gare Fleisch erkalten lassen, in Scheiben schneiden, auf einer Platte anrichten.

Filet Gisela

(6 Portionen)

750 g Schweinefilet	waschen, abtrocknen, Haut und Sehnen entfernen, mit
Salz, Pfeffer **gerebeltem Majoran**	würzen
250 g durchwachsenen **Speck**	in Scheiben schneiden, das Fleisch damit umwickeln, in eine feuerfeste Form legen
	die Form auf dem Rost in den vorgeheizten Backofen schieben
Strom:	Etwa 225 °C
Gas:	Stufe 5–6
Bratzeit:	30–35 Minuten
	das gare Schweinefilet erkalten lassen, in Scheiben schneiden, auf einer Platte anrichten, mit
Petersilie **Tomatenachteln**	garnieren
	für die Soße
1 Eigelb	mit
1 TL Senf, 1 TL Essig **1 gestrichenem** **TL Salz, Pfeffer**	zu einer dicklichen Masse schlagen
	nach und nach
125 ml (⅛ l) Salatöl	unterschlagen
2 EL Joghurt	unterrühren
2 mittelgroße **Tomaten**	waschen, abtrocknen, halbieren, entkernen, die Stengelansätze entfernen
1–2 hartgekochte **Eier**	pellen
1 Gewürzgurke	
	die drei Zutaten in Würfel schneiden, mit
1 EL gemischten, **gehackten Kräutern**	unter die Soße rühren, mit
Salz, Pfeffer	abschmecken.

47

Roastbeefröllchen mit Radieschensahne
(12 Stück – Foto Seite 49)

	Für die Füllung
300 g Radieschen ohne Grün	putzen, unter fließendem Wasser waschen, abtrocknen, grob zerkleinern, im Mixer pürieren das Radieschenmus in ein Mulltuch geben, die überschüssige Flüssigkeit herausdrücken, das Radieschenpüree mit
40 g Crème fraîche	verrühren, mit
1 Messerspitze Meerrettich Salz frisch gemahlenem Pfeffer	würzen, auf
12 kleine Scheiben Roastbeef	in kleinen Häufchen verteilen, Roastbeef zusammenrollen, mit Holzstäbchen feststecken, nach Wunsch mit
Radieschenblumen	garnieren.

Artischockenherzen in Carpaccio
(12 Stück – Foto Seite 49)

12 Artischocken- herzen in pikanter Marinade (aus dem Glas)	abtropfen lassen
6 EL Marinade	mit
Salz frisch gemahlenem schwarzen Pfeffer	verrühren, auf
12 hauchdünne Scheiben Rinderfilet	verteilen, etwa 1 Stunde ziehen lassen das Fleisch abtropfen lassen, je ein Artischockenherz in eine Scheibe wickeln, mit
gevierteltem Artischockenherzen	garnieren.

Pasteten-Röllchen mit Beeren

(12 Stück – Foto Seite 49)

4 Scheiben biegsamen Pastetenaufschnitt	in je 3 Streifen schneiden, mit
2 TL Brombeergelee	bestreichen, mit
12 Pfefferminzblättchen	
12 Brombeeren	belegen, zusammenrollen, mit Holzstäbchen feststecken, mit
Pfefferminzblättchen	garnieren.

Getrüffelte Fasanenterrine

(20 Portionen)

1 küchenfertigen Fasan (etwa 1,2 kg)	waschen, abtrocknen, entbeinen, die Brustfilets in eine kleine Schüssel legen
3 EL Weinbrand	darüber geben, zugedeckt 1–2 Stunden durchziehen lassen
200 g frischen, fetten Speck	durch die feine Scheibe des Fleischwolfs drehen, mit den Quirlen des Handrührgerätes geschmeidig rühren
400 g schieres Schweinefleisch	waschen, abtrocknen
1 kleine Zwiebel	
1 Knoblauchzehe	
	beide Zutaten abziehen, mit dem Fasanenfleisch, dem Schweinefleisch durch die feine Scheibe des Fleischwolfs drehen, die Brustfilets aus der Weinbrand-Marinade nehmen, trockentupfen die Marinade mit dem durchgedrehten Fleisch zu dem geschmeidig gerührten Speck geben, mit
3 EL Portwein	
1 Ei	
1 Becher (150 g) Crème fraîche	

1 TL Pastetengewürz	verrühren, mit
Salz	
Pfeffer	abschmecken, von
25 g (3 Stück)	
Trüffeln (aus dem Glas)	2 in sehr kleine Würfel schneiden, unter die Fleischmasse rühren
	eine Terrinenform (mit Deckel, etwa 1¾ l Inhalt) mit
250–300 g frischen, fetten Speckscheiben	auslegen (einige zurücklassen)
	die Hälfte der Fleischmasse hineingeben, die Brustfilets darauf legen, festdrücken, die restliche Fleischmasse darauf geben, glattstreichen, mit den zurückgelassenen Speckscheiben belegen, mit dem Deckel verschließen
	die Terrine in die Rostbratpfanne stellen, in den vorgeheizten Backofen schieben
1 l warmes Wasser	in die Rostbratpfanne gießen, nach der Hälfte der Garzeit nochmals
etwa 750 ml (¾ l) warmes Wasser	hinzugießen
Strom:	200-225 °C
Gas:	Stufe 4–5
Garzeit:	Etwa 1¾ Stunden
	von der garen Terrine das flüssige Fett abgießen, die Terrine beschweren, mindestens 1 Tag kalt stellen
	für das Portwein-Aspik
1 schwach gehäuften TL Gelatine gemahlen, weiß	mit
1 EL kaltem Wasser	anrühren, 10 Minuten zum Quellen stehenlassen
100 ml Trüffel-Kraftbrühe (aus der Dose)	mit
Portwein	auf 125 ml (⅛ l) auffüllen, zum Kochen bringen, von der Kochstelle nehmen, die Gelatine unter Rühren hineingeben, so lange rühren, bis sie gelöst ist
	die zurückgelassene Trüffel in dünne Scheiben schneiden
	die Terrine mit
Pistazienkernen	unter den Trüffelscheiben garnieren, mit der abgekühlten Aspikflüssigkeit übergießen, erstarren lassen.

Fisch-
platten

Räucherfisch-Platte

(12 Portionen – Foto Seite 52/53)

250 g geräucherte Forellenfilets	enthäuten
250 g geräucherte See- oder Flußaale	enthäuten
250 g geräucherte Makrelenfilets mit Pfeffer-, Kräutergarnitur	
250 g Schillerlocken	in mundgerechte Portionen zerteilen, mit
250 g Kieler Sprotten	
250 g geräucherten Lachspaketchen	auf einer Platte anrichten, mit
Sherry-Tomaten	
Schnittlauch	
Salatblättern	garnieren

Tip: Als Bestandteil einer gemischten Fischplatte eignen sich auch folgende Räucherfische:

geräucherter Bückling
geräucherte Heilbuttfilets
geräucherter Rogen

Als Garnierung bieten sich auch

Zitronenscheiben oder -viertel	
Dillspitzen	
glatte Petersilie	an.

Gebeizter Lachs mit süß-saurer Senf-Soße

(8 Portionen)

1 kg küchenfertigen Lachs im Stück (Mittel- oder Schwanzstück)	schuppen, unter fließendem kaltem Wasser abspülen, trockentupfen, längs halbieren die Mittelgräte und die Seitengräten entfernen, die kleineren Gräten im Fischfleisch mit einer Pinzette herausziehen
3 Bund Dill	unter fließendem kaltem Wasser abspülen, vorsichtig trockentupfen, grob hacken (Stiele mitverwenden)
1 EL Zucker	mit
2 EL grobem Salz	
2 EL zerdrückten weißen Pfefferkörnern	
1 EL zerdrückten Wacholderbeeren	vermengen, die Fischstücke damit einreiben, ein Fischstück mit der Hautseite nach unten in eine Porzellanschüssel legen, mit dem Dill bestreuen, das andere Stück mit der Innenseite darauflegen, mit Alufolie bedecken einen Teller oder ein Holzbrett darauflegen, mit einem Stein oder einer geschlossenen, gefüllten Konservendose beschweren den Fisch an einem kühlen Ort (Kühlschrank) 24–36 Stunden stehenlassen, ab und zu mit der sich sammelnden Beize begießen den Fisch aus der Beize nehmen, trockentupfen, mit einem sehr scharfen Messer (Lachsmesser) in sehr dünne Scheiben schneiden, auf einer Platte anrichten für die Senf-Soße
5 EL Salatmayonnaise	mit
4 EL Schlagsahne	
1 EL scharfem Senf	
1 Bund feingehacktem Dill	verrühren
4 EL Weinessig	mit
2 EL Zucker	zum Kochen bringen, etwas einkochen lassen, unter die Senf-Mayonnaise rühren die Soße zu dem Lachs reichen.

Matjes-Palette

(8 Portionen – Foto Seite 57)

Für das Matjes-Tatar:

4 Matjesfilets	
10 Kapern	
1 Gewürzgurke	fein hacken
1 Schalotte	abziehen, würfeln, untermengen, mit
frisch gemahlenem	
Pfeffer	abschmecken

für Matjes in Chili:

4 Matjesfilets	fein würfeln
2 milde Peperoni	entstielen, fein würfeln, beides mit
4 EL süßer	
Chilisoße	vermengen

für Matjes mit Pfeffercreme:

4 Matjesfilets	in kleine Würfel schneiden, mit
4 EL Crème fraîche	
1 TL eingelegten	
grünen Pfeffer-	
körnern	vermengen

für Matjes mit Pfifferlingen:

4 Matjesfilets	würfeln
1 kleines Glas	
Pfifferlinge	
(Einwaage etwa 150 g)	gut abtropfen lassen
2 EL kleine Perlzwiebeln	
	alle Zutaten vermischen, mit
2 EL Sherryessig	
Pfeffer	abschmecken

für Matjes mit Dill:

4 Matjesfilets	würfeln
½ Bund Dill	abspülen, trockentupfen, fein hacken
100 g Champignons	putzen, waschen, in Scheiben schneiden
	die Zutaten vermengen, mit
Pfeffer	
1 EL Weinessig	abschmecken.
	die Matjesgerichte etwa 1 Stunde im Kühlschrank durchziehen lassen, auf
Radicchioblättern	
Gewürzgurken-	
scheiben	anrichten.

Dorsch, russisch

(8 Portionen)

1 küchenfertigen Dorsch (etwa 900 g ohne Kopf)	unter fließendem kaltem Wasser abspülen, trockentupfen, mit dem
Saft von ½ Zitrone	beträufeln, etwa 15 Minuten stehenlassen
2 Zwiebeln	abziehen, in Ringe schneiden
1 Möhre	schaben, waschen, in Scheiben schneiden beide Zutaten in
1½ l Salzwasser	geben
2 Lorbeerblätter	
1 TL weiße Pfefferkörner	
1 Gewürznelke	hinzufügen, zum Kochen bringen, etwa 20 Minuten kochen lassen den Dorsch hineingeben, zum Kochen bringen, in 25–30 Minuten gar ziehen lassen, im Sud erkalten lassen, herausnehmen
1 Päckchen Gelatine gemahlen, weiß	mit
5 EL kaltem Wasser	anrühren, 10 Minuten zum Quellen stehenlassen
375 ml (¾ l) Brühe für Aspik	abmessen, zum Kochen bringen, von der Kochstelle nehmen, die Gelatine hineingeben, so lange rühren, bis sie gelöst ist
4–8 EL Weißwein	unterrühren, erkalten lassen, den Fisch mit etwas von der Aspikflüssigkeit übergießen den Fischrücken mit
Tomatenscheiben gegarten Shrimps (etwa 50 g) in Scheiben geschnittenen, gefüllten Oliven Petersiliensträußchen	garnieren, mit der restlichen Aspikflüssigkeit übergießen, diesen Vorgang mehrmals wiederholen, bis der Dorsch völlig mit Aspik bedeckt ist, im Kühlschrank erstarren lassen eine Platte mit

gewaschenen Salatblättern	belegen
	den Dorsch darauf anrichten, mit
Tomatenachteln	
Zitronenscheiben	garnieren.

Kalter Fischhackbraten mit Kapern-Soße

(6 Portionen)

750 g Fischfilet	waschen, trockentupfen
1½ altbackene Brötchen	in kaltem Wasser einweichen, gut ausdrücken mit dem Fisch zweimal durch den Fleischwolf geben
1 Zwiebel	abziehen, würfeln, in
etwas Butter	goldgelb dünsten
1 Ei	
2 EL gehackte Petersilie	
etwas Senf	zu dem Fisch geben, mit
Sardellenpaste	
Salz	
Paprika edelsüß	abschmecken den Teig zu einem Braten formen, locker aber dicht in eingefettete Alufolie einpacken, auf dem Backblech in den vorgeheizten Backofen schieben
Strom:	200 °C
Gas:	Stufe 3–4
Bratzeit:	Etwa 40 Minuten für die Soße
8 EL Salatmayonnaise	
6 EL Schlagsahne	
4 EL Milch	
1 Tube Tomatenmark	verrühren
2 TL Senf	
1 Röhrchen Kapern	hinzufügen, mit
Salz	
Paprika edelsüß	abschmecken den erkalteten Fischbraten in Scheiben schneiden, mit der Soße servieren.

Käseplatten

Käse-Platte

(10–12 Portionen – Foto Seite 60/61)

Auf einer Platte oder einem Holzbrett
Stücke à 200 g von

Pikantje van Gouda
Holland-Gouda,
überjährig
Holland-Kümmel-
Gouda
Holland-Bauern-
Gouda
Holland-Kugel-
Edamer
Holland-Maasdamer
Kernhem
Subenhara anrichten
für die Spießchen Pikantje van Gouda in Stücke schneiden,
mit

Erdbeeren
Orangenscheiben auf Holzspießchen stecken
für die Käseröllchen Kümmel-Gouda in dünne Scheiben
schneiden, aufrollen, mit
Schnittlauch umwickeln
Stangen aus Subenhara aufeinanderschichten,
mit

grünen Pfeffer-
schoten garnieren
aus Bauern-Gouda dickere Scheiben schneiden, in
Dreiecke teilen, mit
Tomatenachteln belegt anordnen, die Platte mit
Weintrauben garnieren.

Hinweise:
Pro Person rechnet man mit 100–150 g Käse.
Pikantje van Gouda ist ein garantiert 4 Monate
gereifter Holland-Gouda mit 48 % Fett i.Tr. und einem
herzhaft-pikanten Geschmack.
Holland-Gouda, überjährig (48 % Fett i.Tr.) ist wegen
seines kräftigen, würzig-pikanten Geschmacks eine begehrte
Sorte bei Feinschmeckern. Er schmeckt gebröckelt
zu Wein und Bier oder gerieben in Käsegebäck.

Holland-Kümmel-Gouda (48 % Fett i.Tr.) schmeckt würzig nach Kreuzkümmel mit seinem angenehm frischen und aromatischen Geschmack.
Holland-Bauern-Gouda wird aus roher, nicht pasteurisierter Vollmilch hergestellt (mind. 48 % Fett i.Tr.). Er hat ein einzigartiges, sehr charakteristisches, reiches Aroma und vielfältige Geschmacksvarianten.
Holland-Kugel-Edamer (40 % Fett i.Tr.) gibt es jung oder mittelalt. Sein Geschmack ist mild, bei länger gereiftem Käse herzhaft und ausdrucksvoller.
Holland-Maasdamer (45 % Fett i.Tr.) ist stark gelocht und hat einen nußartig-milden Geschmack.
Kernhem (60 % Fett i.Tr.) ist ein halbfester Schnittkäse mit aromatisch-rahmigem Geschmack. Dieser feine Dessertkäse eignet sich besonders gut für jedes Käsebrett.
Subenhara (50 % Fett i.Tr.) ist ein Schnittkäse mit Brennesseln, Gartenkräutern, Meerrettich und Senf oder mit Knoblauch verfeinert. Alle Sorten sind eine Bereicherung für ein Käsebrett.
Und noch ein paar Tips: Wenn Sie den Käse im Stück anbieten, kann sich jeder Gast selber abschneiden, was er möchte. Einige vorbereitete Scheiben regen dabei zum Zugreifen an! Damit der Käse seinen vollen Geschmack hat, sollten Sie ihn eine halbe Stunde vor dem Verzehr aus dem Kühlschrank nehmen.

Obatzter

(4–6 Portionen)

75 g weiche Butter	mit den Quirlen des Handrührgerätes geschmeidig rühren
250 g reifen Camembert	mit einer Gabel zerdrücken, unter die Butter rühren
1 kleine Zwiebel	abziehen, fein würfeln, mit
etwa 1 TL Senf	unter die Camembert-Masse rühren, mit
Salz	
Pfeffer	würzen
1 Bund Schnittlauch	abspülen, trockentupfen, in feine Ringe schneiden, den Obatzten damit bestreuen, mit
1 Bund Radieschen	
1 Bund Radi	garnieren.

Käsepastete

(Etwa 20 Portionen – Foto Seite 65)

9 Blatt weiße Gelatine	10 Minuten in kaltem Wasser einweichen, in 100 ml von
600 ml Cidre	bei kleiner Hitze auflösen,
	mit dem übrigen Cidre verrühren, mit
Salz	
braunem Rohrzucker	würzen
	1/3 der Gelatineflüssigkeit in eine mittlere, mit Frischhaltefolie ausgeschlagene Kastenform (26 cm Länge) gießen, kalt stellen
	für die erste Käseschicht
150 g frischen Ziegenkäse	mit
150 g frischem Schafskäse	
1 abgezogenen zerdrückten Knoblauchzehe	
1 EL gerebeltem Basilikum	verrühren, mit
weißem Pfeffer	würzen, auf die erstarrte Geleeschicht drücken, ein weiteres Drittel der Flüssigkeit auf die Käsecreme gießen, wieder kalt stellen
	für die zweite Käseschicht
150 g reifen Camembert	und
150 g Weichkäse (60 %)	von der Rinde befreien, mit
Pfeffer	
geriebener Muskatnuß	bestreuen, mit dem Pürierstab des elektrischen Handrührgerätes pürieren, zwischen zwei Frischhaltefolien zu Kastenformgröße ausrollen, auf die erste Schicht geben, die restliche Flüssigkeit daraufgießen, kalt stellen
	für die dritte Käseschicht
150 g Edelpilzkäse	mit
50 g Doppelrahm-Frischkäse	
50 g weicher Butter	cremig rühren, zwischen zwei Frischhaltefolien zu Kastenformgröße ausrollen, auf die letzte Geleeschicht drücken, kalt stellen
	die Käsepastete nach frühestens 10 Stunden stürzen.

Käse-Häppchen
(60 Stück)

**600 g Holland-Gouda,
jung oder
Pikantje van Gouda** vor dem Zubereiten für etwa 1 Stunde kaltstellen,
anschließend in exakte Würfel schneiden,
mit Holzspießchen

**Ananasstückchen
Melonenkugeln
Mandarinen
grüne und
blaue Weintrauben
Oliven
Silberzwiebeln
Cornichons
Sherry-Tomaten
Salami
gekochten und
rohen Schinken
Party-Würstchen**

bunt gemischt darauf feststecken,
auf einer Platte anrichten.

Tip: Pro Person rechnet man mit
100–150 g Käse.

Gefüllter Edamer
(8 Portionen)

Von

**1 Holland-Baby-
Edamer (etwa 900 g)** einen Deckel abschneiden, das
Innere gut aushöhlen, mit einigen
Eßlöffeln von

**⅜ l (375 ml) Schlagsahne
2 TL Senf
Salz
Zucker** mit den Quirlen des Handrührgerätes verrühren,
die restliche Sahne steif schlagen,
unterheben, die Käsecreme in
die Kugel füllen.

Schnittlauch-Bällchen
(12 Stück)

200 g Doppelrahm-Frischkäse	mit
250 g französischem Frischrahmkäse (70 %)	verrühren, mit
Salz	
Pfeffer	würzen, kalt stellen
	mit nassen Händen aus der Masse etwa 12 Bällchen formen, in
2 Bund feingeschnittenem Schnittlauch	wenden
	die Schnittlauch-Bällchen auf einer Glasplatte anrichten, bis zum Verzehr kalt stellen.

Käse-Trüffel
(15 Stück)

125 g Butter	mit den Quirlen des Handrührgerätes schaumig rühren, nach und nach
125 g geriebenen Pikantje van Gouda	hinzufügen, kalt stellen aus der fest gewordenen Masse kleine Kugeln formen
etwa 5 Scheiben Pumpernickel	fein reiben, die Kugeln darin wenden die Käsetrüffel mit
Salzbrezeln	
Salzmandeln	auf einer Platte anrichten, bis zum Servieren kalt stellen.

Canapés und Schnittchen

Geröstete Brottaler für Canapés

(Grundrezept – für etwa 40 Canapés)

Etwa 5 große Scheiben Weizenmischbrot	mit einer runden Ausstechform von etwa 3 cm Durchmesser aus jeder Brotscheibe etwa 9 Taler ausstechen, in
100 g Butter	portionsweise von beiden Seiten goldbraun braten. Auf Küchenkrepp abtropfen und abkühlen lassen.

Canapés mit Wildpastete und Preiselbeeren

(10 Stück – Foto Seite 68/69)

1 Dose Wildpastete (etwa 80 g)	Pastete aus der Dose nehmen, mit
1 TL Cognac	sorgfältig verrühren, in einen Spritzbeutel mit Stern- oder Rosentülle füllen, auf
10 geröstete Brottaler (siehe Grundrezept)	spritzen, mit
1 EL Preiselbeerkompott	garnieren.

Canapés mit Bündner Fleisch

(10 Stück – Foto Seite 68/69)

10 geröstete Brottaler	(siehe Grundrezept)
1 Ei	hartkochen, pellen, halbieren, Eigelb herauslösen (Eiweiß für ein anderes Gericht verwenden)
10 Scheiben Bündner Fleisch	auf die Größe von den Brottalern zusammendrücken und darauflegen das Eigelb durch die Knoblauchpresse direkt darauf drücken.

Canapés mit Wachteleiern und Kaviar

(10 Stück – Foto Seite 68/69)

6 frische Wachteleier	8 Minuten kochen, abschrecken, pellen, erkalten lassen, mit einem scharfen Messer vorsichtig in Scheiben schneiden
6 TL Mayonnaise	auf
10 geröstete Brottaler (siehe Grundrezept)	als Tupfer verteilen, je zwei Eischeiben darauflegen, mit
etwas abgeriebener Schale von 1 Zitrone (unbehandelt)	
Salz, Pfeffer	würzen, mit
etwa 2 TL Kaviar	
Schnittlauchröllchen	garnieren.

Canapés mit zweierlei Käse

(10 Stück – Foto Seite 68/69)

30 Pinienkerne	in einer trockenen Pfanne goldbraun rösten, erkalten lassen
125 g Gorgonzola oder Roquefort	durch ein Sieb streichen, mit
1 EL Calvados	verrühren, kaltstellen mit einem Brotausstecher aus
125 g Holland-Gouda, mittelalt (in Scheiben)	20 Taler ausstechen aus Pergamentpapier eine kleine Tüte drehen, die Spitze abschneiden, den Gorgonzola einfüllen, auf
10 geröstete Brottaler (siehe Grundrezept)	jeweils einen Tupfer Gorgonzola spritzen, einen Käsetaler darauflegen, einen Tupfer Gorgonzola daraufspritzen, den zweiten Käsetaler darauflegen, wieder einen Tupfer Gorgonzola daraufspritzen, mit je drei Pinienkernen und
frischen Estragonblättchen	garnieren.

Canapés mit Camembert

(8 Stück – Foto Seite 73)

200 g Camembert	in Scheiben schneiden, zunächst in
1 EL Weizenmehl	dann in
1 verschlagenem Ei	zuletzt in
75 g abgezogenen, gehobelten Mandeln	wenden
40 g Butter	in einer Pfanne zerlassen, die Camembertscheiben kurz darin anbraten, herausnehmen, kalt stellen
8 Scheiben Stangenweißbrot	mit
Butter	bestreichen, die erkalteten Camembertscheiben auf den Weißbrotscheiben anrichten, nach Belieben mit
Ananasstücken Mandarinenspalten Kiwischeiben	garnieren.

Canapés mit Käse

(10 Stück)

100 g Holland-Brot-Edamer	in sehr feine Würfel schneiden
25 g feingehackte Erdnußkerne	
10 g feingehackte Walnußkerne	
	die drei Zutaten mit
1–2 EL Salatmayonnaise	
1 EL Crème fraîche	verrühren
	die Käsemasse auf
10 Pumpernickel-Taler (Cocktailbrot)	spritzen
	die Canapés mit
halbierten Cocktailkirschen halbierten Walnußkernen Petersilie	garnieren, auf
gewaschenen Salatblättern	anrichten.

Spanische Thunfischcremebrote
(6 Portionen)

Etwa 150 g Thunfisch (aus der Dose)	abtropfen lassen, 6 Stückchen zum Garnieren zurücklassen den restlichen Thunfisch mit
100 g Doppelrahm-Frischkäse **50 g weicher Butter**	mit den Quirlen des Handrührgerätes zu einer einheitlichen Masse verrühren
etwas abgeriebene Schale von 1 Zitrone (unbehandelt) **1 EL Zitronensaft** **etwa 4 EL Schlagsahne**	unterrühren, mit
Salz, Pfeffer	abschmecken
6 Scheiben Weißbrot	toasten, die Thunfischcreme darauf verteilen
1–2 EL Pinienkerne	in einer Pfanne ohne Fett unter häufigem Umrühren bräunen lassen, die Brote damit bestreuen, mit den zurückgelassenen Thunfischstücken,
Zitronenscheiben **Petersilie**	garnieren.

Garnierte Kräcker
(25 Stück)

250 g Speisequark	evtl. abtropfen lassen, mit
1 Becher (150 g) Crème fraîche	verrühren, mit
Salz, Paprika edelsüß	würzen
2 TL gemischte, gehackte Kräuter	unterrühren die Creme in einen Spritzbeutel mit gezackter Tülle füllen, auf
etwa 25 Kräcker	spritzen, nach Belieben mit
halbierten ge-füllten Oliven **Kapern** **Radieschenstücken**	

Zwiebelringen (in Paprika gewendet) Gurkenscheiben Petersilie, Kresse Dillspitzen, Piri-Piri (aus dem Glas)	garnieren.

Canapés mit Hähnchenbrust und Meerrettich-Mayonnaise

(10 Stück)

	Aus
Weizenmischbrot-scheiben	mit einer runden Ausstechform (Durchmesser etwa 4 cm) 10 Taler ausstechen
Butter	in einer Pfanne zerlassen, die Brottaler von beiden Seiten darin goldbraun braten, auf Küchen-papier abtropfen, abkühlen lassen
125 g Hähnchen-brustfilet	abspülen, trockentupfen, mit
Salz, Pfeffer	bestreuen
1 EL Speiseöl	erhitzen, das Filet von beiden Seiten darin goldbraun braten, auf Küchenpapier abtropfen, erkalten lassen, in kleine Scheiben schneiden
1 EL Salat-mayonnaise	mit
frisch geriebenem Meerrettich (oder Meerrettich aus dem Glas)	abschmecken aus Pergamentpapier eine Tüte formen, die Spitze so abschneiden, daß eine sehr kleine Öffnung entsteht die Mayonnaise in die Tüte füllen, etwas auf die Brottaler spritzen, mit einer Scheibe Filet belegen, etwas Mayonnaise auf das Fleisch spritzen, eine zweite Scheibe Fleisch darauf geben die Canapès mit der restlichen Mayonnaise und
etwa 20 Pistazien-kernen	garnieren.

Canapés mit Lachs

(10 Stück – Foto Seite 76)

	Aus
Weizenmischbrot-Scheiben	mit einer runden Ausstechform (Durchmesser etwa 4 cm) 10 Taler ausstechen
1 EL Butter	geschmeidig rühren, mit
½–1 EL Zitronensaft abgeriebener Schale von 1 Zitrone (unbehandelt)	
Salz, Pfeffer	würzen, die Brottaler damit bestreichen, kühl stellen
5 dünne Scheiben Räucherlachs	längs halbieren, in der Größe der Brottaler zu Röllchen formen, auf die Brottaler verteilen, darauf jeweils
etwas geriebenen Meerrettich (aus dem Glas)	geben, die Canapés auf
gewaschenen Salatblättern	anrichten, mit
halbierten Zitronenscheiben (unbehandelt)	
Dillzweigen	garnieren.

Schmalz-Schnitten

(4 Portionen)

2 große Zwiebeln	abziehen, in Scheiben schneiden
1 EL Gänse- oder Griebenschmalz	zerlassen, die Zwiebelscheiben darin goldgelb braten, erkalten lassen
4 Scheiben Vollkornbrot	mit
40 g Gänse- oder Griebenschmalz	bestreichen, die erkalteten Zwiebelringe darauf verteilen
300 g Harzer Käse	in dicke Scheiben schneiden, auf den Zwiebelringen anrichten.

Gemüse und Dips

Sellerie-Möhren-Flan
mit Kürbiskern-Mayonnaise

(10 Portionen – Foto Seite 78/79)

300 g Möhren	putzen, waschen, in Scheiben schneiden
350 g Knollen-	
sellerie	putzen, waschen, in Würfel schneiden,
	in jeweils
125 ml (⅛ l)	
Salzwasser	in 10-12 Minuten weich kochen, abgießen, mit jeweils
20 g Butter	pürieren, auskühlen lassen
	10 kleine Becherformen (Metall oder
	Porzellan) mit
30 g Butter	ausfetten, mit
2 EL Grieß	ausstreuen, kalt stellen
	mit dem Schneidestab des Handrührgerätes unter
	jedes Gemüsepüree jeweils
1 Ei	
1 Eigelb	
30 ml Schlagsahne	einarbeiten, mit
Salz	
Pfeffer	würzen
	die vorbereiteten Förmchen zuerst zur
	Hälfte mit Möhrenpüree füllen, darauf
20–25 kleine	
Basilikumblättchen	verteilen, als zweite Schicht das Selleriepüree einfüllen
	die Förmchen leicht auf der Arbeitsfläche aufstoßen,
	den Backofen vorheizen,
	die Fettauffangschale mit kochendem
	Wasser füllen, die Förmchen hineinsetzen, die
	Fettauffangschale in die unterste Einschubleiste schieben
Strom:	Etwa 180 °C
Gas:	Stufe 3–4
Zeit zum Stocken:	Etwa 25–30 Minuten
	die Flans aus dem Wasserbad nehmen,
	erkalten lassen
	für die Mayonnaise
1 Eigelb	
Salz	
Pfeffer	
1 TL Senf	
1 EL Zitronensaft	verquirlen

75 ml Öl	
75 ml Kürbiskernöl	verrühren, zuerst tropfenweise, dann in dünnem Strahl mit den Quirlen des Handrührgerätes einarbeiten, bis eine Mayonnaise entsteht
1 EL Vollmilch-joghurt	unterrühren zum Anrichten die Flans auf
Eisbergsalat-blätter	stürzen, mit je 1 EL Mayonnaise überziehen.

Käseterrine mit Haselnußkernen

(10 Portionen – Foto Seite 78/79)

100 g Haselnußkerne	ohne Fett in einer Pfanne bei mittlerer Hitze goldbraun rösten, in ein Sieb schütten, die braunen Häutchen abreiben
200 g Cheddar	
200 g Holland-Gouda, alt	in kleine Würfel schneiden
200 g Crème fraîche	mit
4 Eiern	
2 TL mittelscharfem Senf	verrühren, mit
Muskat	würzen eine kleine Kastenform (Porzellan, ¾ l Inhalt) mit
20–30 g Butter	ausstreichen
5–6 Kräcker	zerkrümeln, die Form damit ausstreuen, die Fettauffangschale bis zum Rand mit Wasser füllen und auf die mittlere Einschubleiste schieben die Käsewürfel mischen, in die Form füllen, darauf die Nüsse geben, die Crème fraîche-Masse darüber gießen die Form ins Wasserbad setzen, stocken lassen die Terrine aus dem Wasserbad nehmen, erkalten lassen, aus der Form stürzen, noch mindestens 1 Stunde kaltstellen zum Anrichten mit einem nassen Messer in Scheiben schneiden.
Strom:	Etwa 200 °C
Gas:	Stufe 3–4
Zeit zum Stocken:	50 Minuten.

Senf-Butter

(4–5 Portionen)

125 g Butter	mit den Quirlen des Handrührgerätes geschmeidig rühren, mit
2 TL Senf	
Saft von	
½ Zitrone	verrühren, mit
Salz	würzen.

Schnittlauch-Butter

(4–5 Portionen)

125 g Butter	mit den Quirlen des Handrührgerätes geschmeidig rühren, mit
6 EL feinge-	
schnittenem	
Schnittlauch	verrühren, mit
Salz	
frisch gemahlenem	
weißem Pfeffer	würzen.

Paprika-Butter

(4–5 Portionen – Foto Seite 83)

125 g Butter	mit den Quirlen des Handrührgerätes geschmeidig rühren, mit
1 EL Paprika edelsüß	verrühren, mit
Salz	würzen.

Curry-Butter

(4–5 Portionen – Foto Seite 83)

125 g Butter	mit den Quirlen des Handrührgerätes geschmeidig rühren, mit
1 EL Currypulver	verrühren, mit
Salz	würzen.

Marinierte Gemüse-Platte mit Avocado-Creme

(10 Portionen)

250 g Champignons	putzen, waschen, von
375 g Broccoli	die Blätter entfernen, die Stengel am Strunk schälen, bis kurz vor den Röschen kreuzförmig einschneiden, den Broccoli waschen
4–6 Stengel Staudensellerie (etwa 250 g)	putzen, harte Fäden an der Außenseite der Stengel abziehen, die Stengel waschen, in etwa 5 cm lange Stücke schneiden
2–3 Stangen Porree (etwa 300 g)	putzen, das dunkle Grün bis auf etwa 10 cm entfernen, die Stangen gründlich waschen, in 2-3 cm große Stücke schneiden
2 große Möhren	putzen, schaben, waschen, längs in dünne Scheiben schneiden
1–2 rote Paprikaschoten (etwa 250 g)	halbieren, entstielen, entkernen, die weißen Scheidewände entfernen, die Schoten waschen, in etwa 1 cm breite Streifen schneiden
2–3 kleine Fenchelknollen (etwa 500 g)	putzen, waschen, vierteln oder sechsteln, das Gemüse nacheinander in
kochendes Salzwasser	geben, zum Kochen bringen, das Wasser zwischendurch einmal erneuern, beim Kochen des Fenchels
2 EL Zitronensaft	in das Wasser geben das Gemüse gut abtropfen lassen, in die Fettfangschale legen
	für die Marinade
1 Zwiebel	abziehen, fein würfeln
1–2 Knoblauchzehen	abziehen, zerdrücken beide Zutaten mit

4 EL Salatöl	
4 EL Weißwein-Essig	verrühren, mit
Salz	
Pfeffer	
Zucker	würzen, über das Gemüse geben
	die Marinade ab und zu in einer Ecke der Fett-
	fangschale zusammenfließen lassen, erneut über
	das Gemüse verteilen, einige Stunden durchziehen lassen
Kochzeit für die	
Champignons:	Etwa 1 Minute
für den Broccoli:	Etwa 3 Minuten, dicke Stengel etwa 5 Minuten
für den Stauden-	
sellerie:	Etwa 1 Minute
für den Porree:	2–3 Minuten
für die Möhren:	3–5 Minuten
für die Paprika-	
schoten:	Etwa 1 Minute
für den Fenchel:	Etwa 7 Minuten
	für die Avocado-Creme
1 reife Avocado	schälen, halbieren, entsteinen, das Fruchtfleisch
	pürieren oder mit einer Gabel zerdrücken, mit
1 EL Zitronensaft	beträufeln, mit
1 Becher (150 g)	
Crème fraîche	
1 Becher (150 g)	
Joghurt	gut verrühren
1 Knoblauchzehe	abziehen, durchpressen, zu der Avocado-Creme
	geben
1 EL gehackte Petersilie	
1 EL gehackten Dill	
1 EL feingeschnittenen	
Schnittlauch	unterrühren
	die Avocado-Creme mit
Zitronensaft	
Zwiebelsalz	
Salz	
Pfeffer	
Zucker	würzen
	das Gemüse auf einer großen Platte anrichten,
	mit
Petersilie	garnieren, die Avocado-Creme dazureichen.

Bunter Quark-Dip

(6 Portionen – Foto Seite 87)

150 g Magerquark	mit
4 EL Buttermilch	verrühren
1 kleine Tomate	kurze Zeit in kochendes Wasser legen (nicht kochen lassen), in kaltem Wasser abschrecken, enthäuten, halbieren, den Stengelansatz herausschneiden, die Tomate entkernen
1 Sardelle	
2 Oliven	
	die drei Zutaten sehr fein schneiden, mit
2 TL Zwiebelwürfeln	unter den Quark rühren, mit
Salz	
Pfeffer	
gehackten Thymianblättchen	würzen.

Quark-Dip mit Schinken

(6 Portionen – Foto Seite 87)

100 g Magerquark	mit
4 EL Buttermilch	verrühren
100 g Lachsschinken	in feine Würfel schneiden, mit
1 EL gemischten, gehackten Kräutern	unter den Quark rühren, mit
frisch gemahlenem Pfeffer	
Knoblauchsalz	würzen.

Quark-Dip mit Preiselbeeren

(6 Portionen – Foto Seite 87)

200 g Magerquark	mit
5 EL Milch	verrühren
2 EL Preiselbeeren (aus dem Glas)	mit
2 TL Senf	unter den Quark rühren, mit
Salz	
Zucker	würzen.

Party-
gebäck

Speckbrötchen

(15–18 Stück – Foto Seite 88/89)

400 g Roggenmehl (Type 1150) mit
350 g Weizenvollkornmehl
1 TL Zucker
2 Päcken Trocken-Backhefe
½ Tüte Sauerteig (75 g) mischen
250 ml (¼ l) lauwarme Milch
etwa 250 ml (¼ l) lauwarmes Wasser nach und nach zugeben, mit den Knethaken des Handrührgerätes zu einem geschmeidigen Teig verkneten, zugedeckt an einem warmen Ort so lange gehen lassen, bis er sich um die Hälfte vergrößert hat

200 g Kartoffeln mit Schale kochen, kalt abschrecken, pellen, durch eine Kartoffelpresse drücken, zum Teig geben

100 g Frühstücksspeck in Würfel schneiden,
3 EL geröstete Zwiebeln
3 TL Salz
Pfeffer
1 TL getrockneten Majoran zufügen, alles gut verkneten, Teig in 15 gleich große Stücke teilen, zu runden Brötchen formen, auf ein mit Backpapier belegtes Backblech legen, nochmals 20 Minuten gehen lassen mit einem Messer die Brötchen kreuzförmig einritzen, mit etwas Salzwasser bestreichen

Strom: Etwa 200 °C
Gas: Stufe 3–4
Backzeit: Etwa 25–30 Minuten.

Hirsestangen

(8 Stück – Foto Seite 88/89)

400 g Weizenvoll-kornmehl	mit
100 g Hirseflocken	
1–2 EL Bockshornklee (Reformhaus)	
2 TL Salz	
½ TL Zucker	
1 Päckchen Trocken-Backhefe	vermischen
250 ml (¼ l) lauwarmes Wasser	
½ Becher saure Sahne (75 g)	nach und nach zugeben, mit den Knethaken des Handrührgerätes verkneten

Teig abgedeckt an einem warmen Ort so lange gehen lassen, bis er sich etwa verdoppelt hat, noch einmal durchkneten, acht Stangen formen, auf ein mit Backpapier belegtes Backblech legen, die Stangen mehrmals schräg einritzen, mit etwas lauwarmem Wasser bestreichen, mit

2 EL Hirseflocken	bestreuen, Stangen noch einmal 20 Minuten gehen lassen.
Strom:	Etwa 200 °C
Gas:	Stufe 3–4
Backzeit:	25–30 Minuten.

Kleine Käsestangen

150 g Butter	mit den Quirlen des Handrührgerätes schaumig rühren
1 Eigelb	
4 EL Crème fraiche	
Salz	
Pfeffer	hinzufügen, verrühren
200 g Holland-Gouda, alt	reiben, die Hälfte mit
250 g Mehl	zufügen, alles zu einem geschmeidigen Teig verkneten auf einer leicht bemehlten Fläche etwa 3 mm dick zu einem Rechteck ausrollen, mit dem Teigrädchen in 2 cm breite und 8 cm lange Streifen schneiden,

	dicht nebeneinander auf ein gefettetes Backblech legen
1 Eigelb	verquirlen, die Streifen damit bestreichen,
	den restlichen Käse darauf streuen.
Strom:	Etwa 220 °C
Gas:	Stufe 4–5
Backzeit:	Etwa 12 Minuten.

Buntes Brötchenrondell

(16 kleine Brötchen – Foto Seite 93)

	Für den Teig
10 g frische Hefe	in
2 EL lauwarmem Wasser	auflösen, mit
500 g gesiebtem Weizenmehl	und
etwa 200 ml (⅕ l) lauwarmer Milch	verkneten, bis der Teig elastisch ist und nicht mehr klebt
	den Teig mit einem Tuch bedecken, an einem warmen Ort 1–2 Stunden gehen lassen, bis sich sein Volumen verdoppelt hat
	nochmals durchkneten, 16 kleine Kugeln daraus formen
	für den Belag
1 EL Kartoffelchips	
1 EL Käsekrusteln	
1 EL Schweinekrusteln	getrennt zerdrücken,
1 EL Pecannußkerne	
1 EL Erdnußkerne	
1 EL Cashewnüsse	
1 EL Rauchmandeln	
1 EL Pistazienkerne	getrennt grob hacken
	jeweils 2 Brötchen mit der Oberseite in einen der acht Beläge drücken
	die Brötchen in einer großen, mit
weicher Butter	ausgestrichenen Springform verteilen,
	30 Minuten gehen lassen
	die Form auf dem Rost in den vorgeheizten Backofen schieben
Strom:	Etwa 225 °C
Gas:	Stufe 4–5
Backzeit:	Etwa 20 Minuten
	als Rondell servieren.

Buntes Käsegebäck

200 g Holland-Gouda, alt	fein reiben, mit
200 g Weizenmehl	
200 g Butter, 2 Eigelb	in eine Schüssel geben, mit den Knethaken des Handrührgerätes zu einem festen Mürbeteig verkneten in Folie eingewickelt 1 Stunde im Kühlschrank ruhen lassen den Teig auf wenig Mehl ½ cm dick ausrollen, beliebige Formen ausstechen, das Gebäck auf ein gefettetes Backblech legen
1 Ei, 3 EL Kümmel	verquirlen, das Gebäck damit bestreichen, mit
3 EL Mohn	
3 EL Sesam	bestreuen und belegen, das Backblech in den Backofen schieben.
Strom:	Etwa 200 oC
Gas:	Stufe 3–4
Backzeit:	Etwa 10 Minuten.

Käse-Ringe, -Windbeutel und -Eclairs

(25 Stück)

	Für den Brandteig
125 ml (⅛ l) Wasser	mit
Salz, 30 g Butter	am besten in einem Stieltopf zum Kochen bringen, den Topf von der Kochstelle nehmen
25 g Speisestärke	mit
75 g Weizenmehl	mischen, sieben, auf einmal in das Wasser schütten, es zu einem glatten Kloß rühren, unter Rühren etwa 1 Minute erhitzen den heißen Kloß sofort in eine Schüssel geben, nach und nach
2–3 Eier	unterrühren, weitere Eizugabe erübrigt sich, wenn der Teig stark glänzt und so vom Löffel abreißt, daß lange Spitzen hängenbleiben, kurz bevor diese Beschaffenheit erreicht ist,
1½ g (½ gestrichener TL) Backin	in den erkalteten Teig geben, ⅓ davon abnehmen, da für Käse-Ringe, die schwimmend in Fett gebacken werden, der Teig etwas fester sein muß unter den übrigen Teig noch so viel Ei rühren, wie erforderlich ist

für die Käse-Ringe
den etwas festeren Teig in einen Spritzbeutel
(enge, gezackte Tülle) füllen, kleine Ringe
(Durchmesser etwa 4 cm) auf ein gefettetes
Pergamentpapier spritzen, sie sofort schwimmend
in siedendem

Ausbackfett auf beiden Seiten hellbraun backen
die Ringe mit einem Hölzchen herausnehmen, gut
abtropfen lassen, durchschneiden
für die Windbeutel
die Hälfte des weicheren Teiges in einen Spritzbeutel
(enge, gezackte Tülle) füllen, Teighäufchen in der
Größe einer halben Walnuß auf ein gefettetes,
mit Mehl bestäubtes Backblech spritzen,
in den vorgeheizten Backofen schieben

Strom: 200–225 °C
Gas: Stufe 4–5
Backzeit: Etwa 20 Minuten
sofort nach dem Backen von jedem Windbeutel
einen kleinen Deckel abschneiden
für die Eclairs
den Rest des Teiges in einen Spritzbeutel
(enge, gezackte Tülle) füllen, für einen Eclair
auf ein gefettetes, mit Mehl bestäubtes Backblech
zwei etwa 6 cm lange Streifen dicht nebeneinander
spritzen, einen dritten darauf spritzen

Backzeit: Etwa 20 Minuten (Schaltereinstellung s. Windbeutel)
sofort nach dem Backen die Eclairs aufschneiden

für die Füllung
125 g Butter geschmeidig rühren
100 g Roquefort-
Käse mit einer Gabel zerdrücken, unter die Butter rühren
125 ml (1/8 l) Schlagsahne knapp 1/2 Minute schlagen
1 schwach gehäuften
TL Sahnesteif einstreuen, die Sahne steif schlagen, unter die
Butter-Käsemasse heben
Ringe, Windbeutel und Eclairs mit Käsecreme
füllen, die Deckel dünn mit Creme bestreichen,
mit

gehackter Petersilie
Kümmel, Mohn
Paprika edelsüß bestreuen,
auf die jeweils dazugehörigen Unterteile legen.

Salate

Frühlings-Salat in Dill-Soße

(6 Portionen – Foto Seite 96/97)

500 g Pellkartoffeln	noch heiß pellen, erkalten lassen, in Scheiben schneiden, in
125 ml (⅛ l) heiße Fleischbrühe	geben, die Kartoffeln darin durchziehen lassen, bis die Flüssigkeit aufgesogen ist
250 g Spinat	verlesen, sorgfältig waschen, abtropfen lassen
2 kleine Zwiebeln	abziehen, in Scheiben schneiden, in Ringe teilen
1 Bund Radieschen	putzen, waschen, in Scheiben schneiden
½ Salatgurke	waschen, abtrocknen, das Ende abschneiden, die Gurke in Scheiben schneiden
½ Bund Frühlingszwiebeln	putzen, waschen, in dünne Ringe schneiden
2 Bund Dill	waschen, die Dillspitzen abschneiden, etwa ¼ davon hacken für die Dill-Soße
7 EL Salatöl	mit
4 EL Essig	verrühren, mit
Salz	
Pfeffer	würzen, den restlichen Dill unterrühren, die Soße mit Salatzutaten vermengen.

Kartoffel-Salat, pommersche Art

(8 Portionen)

1 kg Salatkartoffeln	waschen, in so viel
Wasser	zum Kochen bringen, daß die Kartoffeln bedeckt sind, in 20–25 Minuten gar kochen lassen, abgießen, abdämpfen, heiß pellen
2 Zwiebeln	abziehen
2 Salzgurken	
	die 3 Zutaten in dünne Scheiben schneiden
	für die Salatsoße
4 EL Salatöl	mit
5 EL Kräuteressig	
Salz	
Pfeffer	

Zucker	verrühren
	die Salatsoße mit den Salatzutaten vermengen,
	gut durchziehen lassen
200 g durch-wachsenen Speck	in Würfel schneiden
3 EL Speiseöl	erhitzen, die Speckwürfel darin ausbraten, mit
5 EL Wasser	loskochen
	die Speckgrieben mit der Flüssigkeit über den
	Kartoffelsalat geben.

Bunter Nudel-Salat

(6 Portionen)

125 g Hörnchennudeln	in
1 l kochendes Salzwasser	geben, zum Kochen bringen, umrühren,
	in etwa 12 Minuten „kernig" kochen lassen
	die Nudeln auf ein Sieb geben, mit kaltem Wasser
	übergießen, gut abtropfen lassen
4 hartgekochte Eier	pellen, in Scheiben schneiden
etwa 300 g Thunfisch (aus der Dose)	abtropfen lassen, etwas zerpflücken
4–5 kleine Gewürzgurken	in Scheiben schneiden
3 große Tomaten	waschen, abtrocknen, die Stengelansätze herausschneiden, die Tomaten achteln
	für die Salatsoße
1 Zwiebel	abziehen, würfeln, mit
1 Becher (150 g) Joghurt	
4 EL Schlagsahne	
2 EL Kräuter-Essig	
½ TL scharfem Senf	
2 EL Tomaten-Ketchup	verrühren, mit
Salz	
Pfeffer	
Zucker	
Currypulver	würzen, mit den Salatzutaten vermengen
	den Salat gut durchziehen lassen, mit
gehackter Petersilie	bestreuen.

Roter Bohnen-Salat

(8 Portionen)

1 große Dose rote Bohnenkerne 2 Dosen Maiskörner (etwa 600 g)	in ein Sieb füllen, kurz mit kaltem Wasser überbrausen, abtropfen lassen
1 Bund Frühlings- zwiebeln	putzen, waschen, das ganz dunkle Grün und den Wurzelansatz entfernen, in feine Ringe schneiden
200 g Holland-Brot- Edamer	würfeln
5 EL Weinessig 1 TL scharfen Senf Salz Pfeffer Zucker	verrühren
7 EL Öl	mit dem Schneebesen darunterschlagen, so daß eine sämige Marinade entsteht das Gemüse und den Käse darin wenden, zugedeckt eine halbe Stunde ziehen lassen.

Waldorf-Salat

(8 Portionen)

500 g Äpfel	schälen, halbieren, entkernen
1 kleine Sellerie- knolle (etwa 350 g)	schälen, waschen beide Zutaten grob raspeln oder in feine Streifen schneiden, von
100 g frischen Walnußkernen	die Häutchen abziehen, die Kerne grob mahlen oder sehr fein hacken
	für die Salatsoße
125 ml (⅛ l) Schlagsahne	steif schlagen

2 EL Mayonnaise	unterrühren, mit
Salz	
Pfeffer	
Zucker	
Zitronensaft	würzen, mit den Salatzutaten vermengen den Salat mit
halbierten Walnußkernen	garnieren.

Geflügel-Salat

(8 Portionen)

375 g gebratenes Geflügelfleisch	in Streifen schneiden
225 g Mandarinenspalten (aus der Dose)	
175 g Champignonscheiben (aus der Dose	
175 g Spargelstücke (aus der Dose)	
	die drei Zutaten abtropfen lassen, die Spargelstücke in 3 cm lange Stücke schneiden
	für die Mayonnaise
1 Eigelb	mit
1 EL Essig	
1 schwach gehäuften TL Senf	
Salz	
Zucker	
Pfeffer	in einer Rührschüssel mit einem Schneebesen oder mit den Quirlen des Handrührgerätes zu einer dicklichen Masse schlagen, darunter
125 ml (⅛ l) Salatöl	schlagen (bei dieser Zubereitung ist es nicht notwendig, das Öl tropfenweise zuzusetzen, es wird in Mengen von 1–2 Eßlöffeln untergeschlagen, die an das Eigelb gegebenen Gewürze verhindern eine Gerinnung) die Salatzutaten mit der Mayonnaise vorsichtig vermengen, den Salat gut durchziehen lassen.

Desserts

Mandelpudding mit Hagebutten-Soße

(4 Portionen – Foto Seite 102/103)

2 schwach gehäufte TL Gelatine gemahlen, weiß	mit
2 EL kaltem Wasser	anrühren, 10 Minuten zum Quellen stehenlassen
250 ml (¼ l) Milch	mit
65 g abgezogenen, gemahlenen Mandeln	zum Kochen bringen, etwa 3 Minuten unter ständigem Rühren kochen lassen, von der Kochstelle nehmen, die Gelatine hinzufügen, so lange rühren, bis sie gelöst ist
2 EL Zucker **2 Tropfen Bittermandelöl**	
250 ml (¼ l) Schlagsahne	unterrühren, die Masse in eine mit kaltem Wasser ausgespülte Schüssel oder Form füllen, im Kühlschrank fest werden lassen den Mandelpudding auf einen Teller stürzen, mit einem Kranz von
Schokoladen-Streuseln	umgeben, nach Belieben mit
Schokoladen-Täfelchen	garnieren
	für die Hagebutten-Soße
200 g Hagebuttenmus (aus dem Reformhaus)	mit
125 ml (⅛ l) Weißwein	verrühren, mit
gemahlenem Zimt	abschmecken, den Mandelpudding damit garnieren, die restliche Hagebutten-Soße dazureichen.

Vanille-Soße

(8 Portionen)

400 ml Milch	mit
½ Vanilleschote	aufkochen
3 Eigelb	mit
50 ml Milch, 3 EL Zucker	verrühren, unter Rühren in die

heiße, nicht kochende Milch geben,
bei kleiner Hitze schlagen, bis die Sauce cremig wird,
im kalten Wasserbad weiterschlagen,
kalt stellen.

Apfelküchlein
(4 Portionen)

1 Becher (150 g)	
Crème fraîche	anschlagen
2 Eigelb	mit
1 TL Zucker	
1–2 EL Weinbrand oder	
Kirschwasser	unterschlagen
65 g Weizenmehl	sieben, unterrühren
2 Eiweiß	steif schlagen, unter den Teig heben
4–6 Äpfel	schälen, das Kerngehäuse mit einem Apfel-Ausstecher ausstechen
	die Äpfel in etwa 1 cm dicke Scheiben schneiden
	die Apfelscheiben zuerst durch den Teig ziehen,
	in siedendes Ausbackfett geben, hellbraun backen,
	gut abtropfen lassen, in
Zimt-Zucker-	
Gemisch	wälzen.

Rote Grütze
(6–8 Portionen)

300 g Sauerkirschen	waschen, abtropfen lassen, entstielen, entsteinen
300 g Johannisbeeren	waschen, abtropfen lassen, von den Stengeln streifen
300 g Himbeeren	waschen, abtropfen lassen
	die Beeren mit
100 g Zucker	
3 geschälten	
bitteren Mandeln	vermischen, in einem Topf zum Kochen bringen, etwa 15 Minuten kochen lassen
200 ml (⅕ l)	
Apfelsaft	mit
50 g Speisestärke	anrühren, in die Grütze rühren, kurz aufkochen lassen, kalt stellen
	vor dem Servieren die Mandeln entfernen.

Erdbeer-Konfekt
(Foto Seite 107)

Etwa 500 g Erdbeeren mit Stiel	vorsichtig waschen, trockentupfen
100 g Zartbitter-Schokolade	mit
etwas Kokosfett	in einem kleinen Topf im Wasserbad geschmeidig rühren die Erdbeeren zur Hälfte hineintauchen, zum Trocknen auf Pergamentpapier setzen.

Mousse au chocolat
(4 Portionen)

150 g zartbittere Schokolade	in kleine Stücke brechen, in einem kleinen Topf im Wasserbad zu einer geschmeidigen Masse verrühren
3 Eigelb	mit
1 Ei **50 g (2 gut gehäufte EL) Zucker** **2 EL Kaffeelikör** **1 TL Instant-Kaffeepulver**	in eine Schüssel geben, über Wasserdampf in 5–7 Minuten schaumig schlagen die Schüssel aus dem Wasserbad nehmen, die Masse in etwa 5 Minuten kalt schlagen
3 Eiweiß	steif schlagen, mit der flüssigen Schokolade,
1 Becher (150 g) Crème fraîche	unter die Eigelb-Masse rühren die Speise in Dessertgläser füllen, gut gekühlt servieren.

Register

DR. OETKER

KNOBLAUCH

Mehr als
ein Gewürz

DR. OETKER

RÖMERTOPF

Gesund und
schonend
kochen

DR. OETKER

DRINKS

ohne
Promille

DR. OETKER

GRILLEN

Die schönsten Rezepte
für Balkon und Garten

DR. OETKER

FONDUE
klassisch und exotisch pikant

DR. OETKER

BRUNCH
Ausgefallene Frühstücks Ideen

Die Bewährten
für jede Gelegenheit

DR. OETKER

GARNIEREN
mit Geschick und Phantasie

DR. OETKER

MIKROWELLE
schnell und leicht garen

Die Portionsangaben in den Rezepten beziehen
sich auf ein Buffet mit mehreren Gerichten.

**Für die freundliche
Unterstützung danken wir:**

Axel Springer Verlag, Hamburg
Gruner & Jahr, Hamburg
Niederländisches Büro für
Milcherzeugnisse, Aachen
RÖSLE Metallwarenfabrik, Marktoberdorf

Copyright:

© 1991 by Ceres-Verlag, Bielefeld

Redaktion:

Annette Wünsch

Fotos:
Titelfoto:

Fotostudio Toelle, Bielefeld

Innenfotos:

Fotostudio Büttner, Bielefeld
Thomas Diercks, Hamburg
Herbert Maass, Hamburg
Christiane Pries, Borgholzhausen
Fotostudio Toelle, Bielefeld
Brigitte Wegner, Bielefeld

Satz:

adrupa, Paderborn

Reproduktionen:

Pörtner & Saletzki, Bielefeld

Herstellung:

PDC – Paderborner Druck Centrum

ISBN 3-7670-0270-1